LIBYEN

WHITE STAR VERLAG

Text
Giorgio Galanti

Inhalt

1 Das römische Relief im Museum von Bani Walid zeigt einen Dattelpflücker, der eine Palme erklettert, um an ihre Früchte zu gelangen.

2–3 Die felsigen Sandsteinformationen der Akakusregion im äußersten Südwesten der libyschen Sahara sind des Ergebnis der Erosion. Felsnadeln, Torbogen, auf dem Kopf stehende Pyramiden und Hunderte anderer Gebilde aus Sandstein verbinden sich mit der sanften Glätte der feinen Sanddünen. Das Gesamtbild ist ein ständiges Spiel von Licht und Schatten, Öffnungen und Wänden.

4–5 Apollonia, Meeresbucht und wichtigster Hafen von Kyrene während der Griechen- und Römerherrschaft, ist heute zum Teil in den kobaltblauen Fluten des kyrenaischen Meeres verschwunden. Der ansteigende Meeresspiegel hat die ältesten Viertel bedeckt. Die byzantinische Stadt mit ihren prächtigen Basiliken bildet die neue Küstenfront des Ortes, der sich, von der Brandung umspült, etwa 800 m weit zwischen Vergangenheit und Gegenwart hinzieht.

6 Die typische, gewöhnlich schwarzweiße Kopfbedeckung der Tuareg zeigt am höchsten islamischen Feiertag Aid el Kebir dem Fest gemäße, prächtige Farben. Dies ist ein Angehöriger des stolzen Volkes, das sich an die einfallenden Touristen gewöhnt hat, obwohl es sie nicht schätzt.

7 Umm al-Ma, „Mutter des Wassers", heißt der lange, schmale See, der wie eine glitzernde Schlange zwischen den Dünen der Ramla Douadah liegt, der Sandwüste westlich von Sebha, der Hauptstadt des Fessan. An den Ufern des Sees gedeihen Palmen, Tamarisken und Eukalyptus.

Via Candido Sassone, 22–24
13100 Vercelli – Italien
www.whitestar.it

Für die deutsche Ausgabe

www.whitestar-verlag.de

Übersetzung: Dr. Michael Meyer, Herne
Producing: Verlagsservice Rohner, Tegernheim

ISBN 3-939128-19-8
ISBN 978-3-939128-19-9

1 2 3 4 5 6   11 10 09 08 07 06

Gedruckt in Singapur
Litho: Fotomec, Turin (Italien)

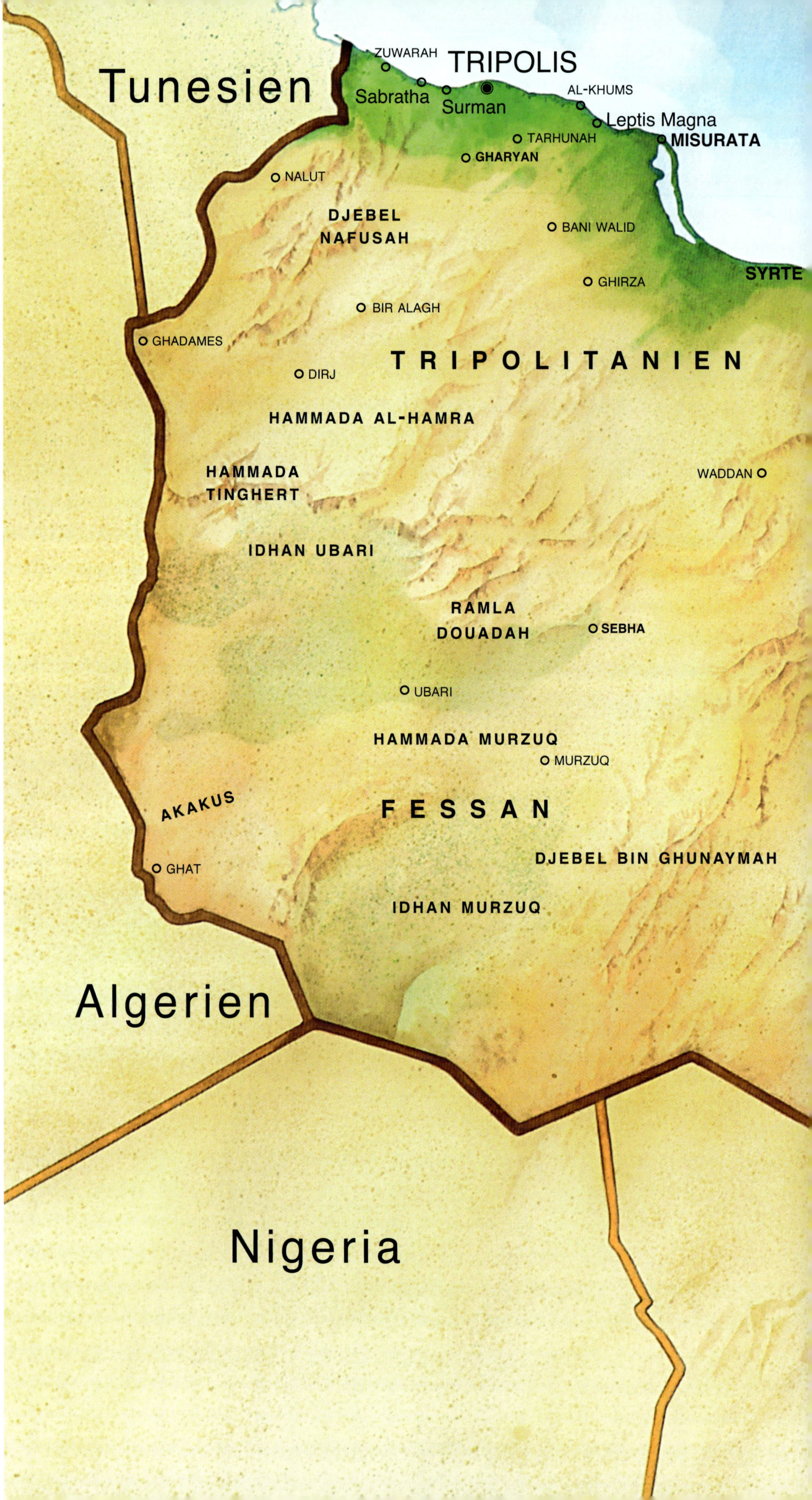

10–11 Im Oktober reifen die Datteln, die sich im ganzen Land größter Beliebtheit erfreuen. Zu dieser Zeit feiert man in Ghadames ein Fest, das von Jahr zu Jahr prächtiger und populärer wird. Selbst die Kinder begehen es mit der Begeisterung, dem Frohsinn und der Herzlichkeit, die für die Wüstenbewohner charakteristisch sind.

12–13 Der vorbildlich restaurierte Dekor vermittelt einen Eindruck von der Atmosphäre, in der die Menschen von Ghadames jahrhundertelang lebten. Immer öfter sieht man liebevoll restaurierte Häuser, die in neuem Glanz erstrahlen. Das Foto zeigt den zentralen Empfangsraum, in dem die Welt der Männer auf die Welt der Frauen trifft. Heute speist man hier, auf handgeknüpften Teppichen sitzend, köstlichen Kuskus.

14–15 Im Osten von Tripolis verlässt ein Schiff die moderne Hafenanlage in Richtung Malta. Die Verbindungen zu dieser Insel, der Brücke zum übrigen Europa, sind sehr rege. Die weißen Kuppeln und das Minarett einer neuen Moschee überragen den Hafen. Weiß ist die Farbe der Sakralbauten – mit Ausnahme der „Rosa Moschee“, der Hauptmoschee des Ortes.

Mittelmeer
Ptolemais
Kyrene
Apollonia
DERNA
AL-BAIDA
TOKRA
Golf von Bomba
BENGHASI
TOBRUK
Golf von Syrte
DJEBEL AL-AKHDAR
AL-BURDI
ADJDABIYA
MARMARIKA
MARSA AL-BURAYQAH
AL-JAGHBUB
Oasen von Djalu
Ägypten
KYRENAIKA
SARIR
BAHR AR-RIMAL AL-AZIM
BAHR AR-RAMLA AL-KABIR
ZIGHAN
RAMLA RABYANAH
LIBYSCHE WÜSTE
AL-KUFRAH
AL-UWEINAT
Sudan
Tschad

Einleitung

Libyen, ein bis vor kurzem für westliche Touristen nicht zugängliches Land, hat seine Grenzen geöffnet. Damit sind die landschaftlichen und archäologischen Schätze des Landes jedermann zugänglich. Prähistorische Felszeichnungen mit unerwarteten archäologischen Reichtümern ziehen den Besucher ebenso in ihren Bann wie die Wüstenregionen mit blauen Seen und grünen Oasen oder die koloniale Architektur mit starken regionalen Bezügen. Gleichzeitig öffnet sich auch eine moderne Welt mit zukunftsweisenden Techniken.

Libyens Mittelmeerküste ist mehr als 1900 km lang und erstreckt sich von der Westgrenze zu Tunesien bis an die ägyptische Grenze, den östlichsten Punkt des Landes. Von der Südküste des weiten, offenen Meeres schweift der Blick bis zum Horizont, ohne jemals auf Hindernisse zu treffen – bis auf zwei winzige Inseln: Farwah, eine Sandbank mit einigen Palmen unweit von Tunesien, und Bomba, ein Riff vor der Kyrenaika, das sich über den Meeresspiegel erhebt. Die Küste Tripolitaniens besteht aus Sandstein, der durch Oxidation rötlich braun gefärbt ist. Die Felsen bilden hier Stufen, die zum Wasser hinabführen. An manchen Stellen kann man auf den letzten Stufen an der Brandungszone entlangwandeln, während andernorts das strahlende Blau des Meeres unbeschreiblich schöne Buchten gebildet hat, wo der von Weiß bis Ocker schillernde Sand die Gischt der auslaufenden Brandung empfängt.

Die Region Psis, eine Autostunde östlich von Tripolis, zu der die Strände rund um Sabratha gehören, ist den Großteil des Jahres bezaubernd, wenn man Abstand von bewohnten Gegenden hält. Die leidige Unsitte, Hausmüll am Wasser abzuladen, hat zwischen Dörfern und Strand ständig wachsende Müllhalden entstehen lassen, an denen sich Altpapier mit rostigen Dosen und unverrottbarem Plastik mischt. Zum Glück gibt es nur wenige Siedlungen, sodass die Küste – wohl die unberührteste des ganzen Mittelmeers – im Schatten der fast bis ans Meer wachsenden Eukalyptusbäume intakt und wild geblieben ist.

An der zentralen Küste Libyens bildet ein Einschnitt einen weiten Golf. Dort stößt die Wüste ans Meer. Dies ist die Syrte, die schreckliche Treibsandzone, von der die griechischen Seefahrer berichteten. Die Tücken von Wasser und Sand waren eine ständige Gefahr für die Schifffahrt. Diese Region, in der man nicht schwimmen sollte, ist ein einzigartiger amphibischer Lebensraum, der Meeres- und Landtieren sowie Vögeln ideale Bedingungen bietet. Die Syrte ist noch immer der wildeste und unbekannteste Teil des Landes. Sie dient Meeresschildkröten als Eiablageplatz und bietet vielen Vogelarten reiche Nahrung. Auch Libyens derzeitiger Herrscher stammt aus dieser Region, in der die Beduinen dem Meer lange den Rücken zugekehrt hatten und sich um ihre Kamele und Viehherden kümmerten, die ihre Lebensgrundlage waren.

Das Meer vor der Kyrenaika mag weniger reizvoll und ärmer an Stränden sein, doch mancherorts sorgen die steil abfallenden Küstenfelsen für ein beeindruckendes Landschaftsbild. Die Farben werden intensiver und vermischen sich mit dem Grün der üppigen Vegetation des Berges, auf dem altgriechische Kolonisten aus Santorin (Thera) die Stadt Kyrene gründeten. Früher war die gesamte libysche Küste dichter besiedelt. Neben vielen Unterwasserruinen findet man solche von Landhäusern, die reichen Kaufleuten aus Leptis Magna, Kyrene und Sabratha gehörten. Heute, lange nach dieser Epoche, prägen der Horizont und unendliche Weiten das nur von wenigen Fischerbooten durchkreuzte Meer.

Zwischen den Hängen des Djebel Nafusah, der die tripolitanische Küste wie ein Kranz umsäumt, erstrecken sich die wichtigsten Ebenen Libyens: Jifarah (das arabische Wort bezeichnet Flachland im Allgemeinen) nennt man die Ebenen von Tripolitanien, das zu 90 Prozent aus Wüste besteht. Durch diese Region reist man von Tripolis nach Tunesien (oder umgekehrt). Vor der italienischen Okkupation lieferten unzählige Brunnen Wasser für die Palmenhaine, das damals wichtigste Agrarprodukt. Die Ankunft der Italiener, die Tausende von Agrarkolonisten aus dem Mutterland ansiedelten, trug zum Aufschwung der Landwirtschaft bei. Das Land wurde in Parzellen aufgeteilt und die neuen Eigentümer brachten frischen Wind in den Ackerbau, indem sie das bebaute Land ausdehnten, neue Arten einführten und die üblichen Techniken intensivierten.

Viele Anwesen, die dem Verfall preisgegeben sind, säumen die Straßen entlang der Küste Tripolitaniens, die im Schatten der endlosen Eukalyptusalleen verlaufen. Die Bäume verbreiten ihren unverkennbaren Duft, spenden dank ihres üppigen Laubes weiten Landstrichen Schatten und schützen sie vor den starken Winden. Ihre Wurzeln festigen den Boden und verhindern so in bewohnten Gegenden die Entstehung der gefürchteten Wanderdünen.

In manchen Regionen baut man aromatische Zitrusfrüchte (vor allem Orangen und Zitronen) an, die frisch geerntet an Ständen entlang der Hauptstraßen verkauft werden. Hochstämmige Palmen recken ihre langen Wedel in den Himmel, manchmal direkt neben Zypressen, die den Weg zu einem Landgut säumen. Schirmpinien komplettieren zwischen dem Meer und den Höhen des Djebel Nafusah ein mediterranes Landschaftsbild, das oft an Italien erinnert.

Das andere Libyen, die Kyrenaika, wirkt im Vergleich zur Region um Tripolis fast wie ein fremdes Land. Hier erheben sich die Gipfel des Djebel al-Akhdar, des „Grünen Gebirges". Ihr Grün verdankt diese gesegnete Gegend, die bereits von den alten Griechen besiedelt wurde, üppigen Regenfällen und unterirdischen Quellen. Eindrucksvolle archäologische Stätten thronen auf den ausgedehnten Naturterrassen, die das Mittelmeer beherrschen. In 1600 m Höhe ist die Luft angenehm kühl. Hinzu kommt eine üppige Vegetation, in den Gebieten, in denen man seit alters die sprudelnden Quellen nutzt.

16 oben Revolutionsführer Muammar al-Gaddafi ist überall zu sehen: Die Plakate mit seinem Porträt in unzähligen Posen und Situationen werden von der Fakultät der Schönen Künste an der Universität entworfen und produziert. Sie sind die außergewöhnlichsten Kunstwerke in den Wüsten Libyens.

16 unten Dutzende von Meisterwerken, die man bei Grabungen in Leptis Magna entdeckt hat, werden im kleinen, aber reichen Museum unweit der archäologischen Stätte aufbewahrt.

17 oben Die Tänze der Tuareg sind reine Männersache. Sie erzählen von Kämpfen, Schwertern, Schilden und Keulen, kraftvollen Objekten, die mit der Eleganz der Schritte, der Harmonie der Bewegungen und dem ständigen Lächeln der Tänzer kontrastieren.

17 unten Die libyschen Mädchen haben die traditionellen Kopftücher und Gewänder ihrer Mütter abgelegt. Sie bevorzugen mehr und mehr Kleidung im „TV-Stil". Satellitenschüsseln bringen den libyschen Haushalten die Außenwelt nahe.

18–19 Der überwältigende Anblick des imposanten Zeustempels in der Oberstadt von Kyrene ist der Lohn für die mühevolle Arbeit der Archäologen, die einen Großteil des Bauwerks retten konnten.

20–21 Von den Hügeln Kyrenes schweift der Blick über das Meer und trifft am Küstensaum auf die antiken Säulen von Apollonia. Die Straße zwischen den beiden Grabungsstätten windet sich durch die riesigen Nekropolen rund um Kyrene, die den gesamten angrenzenden Hügel einnehmen.

Das Meer und der Hafen von Apollonia sind nur wenige Kilometer entfernt. Diese Kombination erinnert an die ersten griechischen Kolonisten, die in dieser Gegend jene Region wieder erkannten, die ihnen das Delphische Orakel beschrieben hatte, bevor sie zur abenteuerlichen Fahrt nach Libyen aufbrachen.

Das Gebirge nimmt einen Großteil der Kyrenaika ein und reicht stellenweise bis ans Meer. Weiter im Landesinneren zerschneiden von uralten Flussbetten durchzogene Schluchten das raue Terrain, in dem sich Omar al-Mukhtar, der Held des Widerstands, lange verbarg. Wer zwischen dem Meer und dem Djebel al-Akhdar, von der fast ständigen Brise erfrischt, inmitten griechischer Tempelsäulen auf einem Stein sitzt, kann sich gut in jene ferne Zeiten zurückversetzen und ihren Hauch spüren.

Die Wüste ist in Libyen allgegenwärtig. Man findet sie in jedem Winkel des Landes. Selbst in jene Territorien an der Küste oder in den Bergen des Ostens und Westens, die nicht mit Felsen oder Dünen bedeckt sind, trägt der Südwind den feinen Flugsand. Er trübt die Sicht, verunreinigt an den Tagen, an denen der Gibli weht, die Luft und dringt überall ein, selbst in dicht abgeschlossene Hohlräume, die sogar wasserundurchlässig sind. Mit ihren Wanderdünen, denen sich die Vegetation unermüdlich zu widersetzen sucht, rückt die Wüste langsam vor. Sie gleitet unmerklich ins Meer – etwa im Gebiet der Syrte – oder oxidiert unweit der Küste zu Sandstein. Die Libyer sind seit undenklichen Zeiten an den Umgang mit ihr gewöhnt, ihre Kultur wurzelt in der Wüste – ihrer Stille, ihren Erwartungen und dem langen, ermüdenden Suchen nach einem Tropfen Wasser.

In Libyen gibt es jedoch nicht nur eine Art von Wüste. Die Völker, die dieses Land bewohnten, haben stets unterschiedliche Namen für die einzelnen Wüstentypen verwendet – genau wie die Bewohner der Arktis, die wissen, dass das Wort „Schnee“ nicht ausreicht, um alle Eigenschaften der weißen Decke zu charakterisieren. Wer auf der Reise von Tripolis in den Fessan, im Südwesten des Landes, den bis zu 800 m hohen Djebel Nafusah überquert, passiert eine Halbwüste. Auf dieser weiten Ebene aus verfestigtem Sand wächst das Espartogras, aus dessen zähen Blättern man früher Papier und Seile herstellte. Verstreute Akazien breiten ihr Blätterdach aus, das Menschen, Ziegen und Kamelen zur heißesten Tageszeit Schatten spendet. Die Vegetation wird immer spärlicher und schließlich setzt sich die Hammada durch, die Stein- und Felswüste.

Hinter der endlosen Fläche der Hammada al-Hamra, im Grenzgebiet zwischen Tunesien und Algerien, harrt eine der größten Sehenswürdigkeiten Libyens ihrer Entdeckung: die Oasenstadt Ghadames. Heute umgeben moderne Gebäude die Altstadt (Medina), die in den 1980er-Jahren von den letzten Bewohnern verlassen wurde. Ghadames wirkt wie ein einziges riesenhaftes Bauwerk, das einst fast 8000 Menschen beherbergte. Man betritt den Ort durch wenige Tore, die früher nachts geschlossen wurden, und begegnet im Innern einer fremden Welt. Ein kompliziertes Netzwerk überdachter Gassen und Straßen durchzieht die Stadt. Den strahlend blauen Himmel sieht man nur auf den winzigen Plätzen, auf denen sich an lauen Sommerabenden die

Alten treffen: dem „Platz des Großen Maulbeerbaums“ oder dem „Platz des Kleinen Maulbeerbaums“. Solch naive Namen verraten, wie bescheiden die Kultur von Ghadames war.

Die sorgfältig im typisch lokalen Stil dekorierten Häuser betritt man von den Gassen aus durch Türen aus Palmenholz, die den Privatbereich jeder Familiengruppe schützen. Die Häuser von Ghadames gruppieren sich vertikal um einen großen Zentralraum, in dem man Gäste mit Kuskus und Tee bewirtet. Diese Räume verkörperten die Welt der Frauen, die auf den Dachterrassen saßen und Korridore benutzten, die alle Wohnräume mit der Welt der Männer verbanden, die in den überdachten Gassen spazierten.

Dutzende von Moscheen mit ihren hohen Minaretten, Koranschulen und öffentliche Gebäude werden von den strahlend weißen, handgeglätteten Mauern umschlossen und aufgenommen. Es überrascht nicht, dass das alte Ghadames zum Weltkulturerbe der UNESCO gehört. Wenn man die Altstadt verlässt und die perfekt angelegten Gärten passiert, deren Besitzern das Wasser absolut gerecht zugeteilt wurde, lässt man das Kernstück jenes Traumes hinter sich, zu dem Libyen einlädt.

Weiter im Süden erscheinen die ersten Dünen der Erg, der wegen ihrer geringen Größe als Ramla bekannten Sandwüsten, die sich mit Kieswüsten (Serir) abwechseln. Westlich von Sebha, der Hauptstadt des Fessan, erstrecken sich zwei der reizvollsten Sandgebiete der libyschen Sahara: die Ramla Douadah und die Hammada Murzuq. Die Ramla Douadah, wo die mittelhohen Dünen einige Dutzend Seen umgeben, ist ein Paradies, dessen reine Luft, sanfte Sandgebilde und unwirklich blaue Wasserspiegel ein zauberhaftes Bild formen. Die Hammada Murzuq, eine nur selten von Touristenkarawanen besuchte Region, wartet mit bis zu 100 m hohen Dünenketten auf, die dieses unwirtliche, raue und schwer zu erkundende Gebiet prägen, das unter allen Wüsten Libyens einzigartig ist.

Noch weiter im Südwesten – im Herzen der Sahara – erheben sich über einem Sandteppich die natürlichen Felsskulpturen des Akakusgebirges, des meistbereisten Gebiets in der Libyschen Wüste. Hier gesellen sich die Reste uralter Felszeichnungen zur Sanftheit der Dünen, zu den natürlichen Felsplastiken, die Bogen und zum Himmel strebende Türme bilden, und zu den Felsen, die aus einem goldenen Meer aufragen. Hunderte von Felsstätten lassen sich in diesem Labyrinth aus engen Korridoren, reizvollen Höhlen und natürlichen Amphitheatern erkunden. Nur selten kreuzen hier Touristen die Pfade der Tuareg, deren Karawanen sie manchmal auch begegnen.

Nach stunden- oder tagelangen Wanderungen erscheinen zum Erstaunen der Reisenden am Horizont plötzlich Palmwedel, die sich im Wind wiegen. Solche Oasen sind das Resultat unterirdischer Wasserquellen – ein geologisches Phänomen der Wüste. Tatsächlich ist es gar nicht so lange her, dass es in der Sahara viele oberirdische Wasserstellen gab. Heute verlaufen die Flüsse unter der Erde, zurückgelassen haben sie ausgetrocknete Betten (Wadis). Doch magere Vegetation, Palmenhaine und das zarte Laub von Tamarisken oder Eukalyptusbäumen, verrät,

dass es Wasser gibt. Die Oasen sind Treffpunkte, Rastplätze und Heimstätten, an denen man der Trockenheit und Sonnenglut der Wüste entflieht.

In prähistorischer Zeit war die Libysche Wüste zweifellos dichter bevölkert als heute. Die Umweltbedingungen waren günstiger und es gab reichlich Wasser – sogar an der Oberfläche. Infolgedessen standen den Nomaden und den sesshaften Bewohnern viele Tierarten als Nahrungs- und Nutztiere zur Verfügung. Teilweise leicht zugängliche Überreste aus jener Zeit zeugen von menschlichen Ansiedlungen.

Die Wüstenbildung hatte zur Folge, dass die Bewohner auf der Suche nach Wasser, Weiden und Handelsplätzen umherzogen. In jenem Gebiet des Fessan, in dem noch heute ein Aquifer Leben ermöglicht, blühte lange Zeit die Kultur der Garamanten. Dieses Volk erlebte und überdauerte auch die Periode der römischen Herrschaft. Nach den erhaltenen Bildzeugnissen waren die Garamanten äußerst geschickte Wagenlenker, die auf sehr leichten, von Pferden gezogenen Streitwagen durch die Dünen preschten, die sich nahe ihrer Hauptstadt Garama (heute Germa) ausdehnten.

Die Ruinen einer der einst wichtigsten Städte dieser Region kann man heute noch besichtigen. Häuser, eine befestigte Kasba, verwinkelte Gassen und Getreidespeicher – alle von Hand der Erbauer modelliert – erheben sich wie Lehmskulpturen aus dem Boden, Kunstwerke, die die Zeiten überdauert haben, skulpturartige Gebilde inmitten der allgegenwärtigen Palmen. Rund um die Zehntausende von Gräbern, die die größte Nekropole des Landes bilden, zeugen Überreste davon, dass das „Tal des Lebens" auch ein Durchgangsort für Generationen von Nomaden und später für Mekkapilger war. Das Schweigen der Wüste vergisst nichts und ein Steinhaufen zur Markierung einer Begräbnisstätte kann Jahrtausende lang unverändert bleiben.

Zur selben Zeit führten die Menschen an der Mittelmeerküste ein ganz anderes Leben. Die Sandsteinbuchten und Ankerplätze der Kyrenaika wurden schon von den ersten wagemutigen Seefahrern (Phöniziern bzw. Puniern) genutzt und es entstanden einfache Märkte, die dem Warenaustausch mit den Völkern des Binnenlandes und als Winterquartiere dienten. Diese Marktorte entwickelten sich im Lauf der Zeit zu den ersten bedeutenden punischen Städten. Eine dieser Städte war Sabratha, die westlichste der drei Poleis. Die anderen waren Oea (das heutige Tripolis) und Leptis Magna. Sie alle weisen noch viele Gebäude, Tempel und Mausoleen jener Periode auf.

Die Griechen im Osten und die Römer im Westen gaben dem Leben in den Küstenstädten kräftige Impulse. Jene Städte spielten im Hinblick auf den Handel als Durchgangsstationen für Waren aus dem Inneren Afrikas (Elfenbein, Tiere, Sklaven und Edelsteine) eine entscheidende Rolle. Leptis Magna hatte darüber hinaus die Ehre, die Geburtsstadt von Septimius Severus zu sein, der später römischer Kaiser wurde und die Severische Dynastie begründete. Ihm zu Ehren wurde Leptis Magna mit gewaltigem Aufwand zur Marmorstadt umgebaut – mit anderen Worten, man verkleidete die wichtigsten

22 *Die Buchten, die durch das Zusammentreffen von Bergen und Meer in der Kyrenaika und vor allem bei Derna entstanden sind, bilden ein reizendes Element dieser Region. Die Natur beherrscht Hunderte von Kilometern, nur am Horizont sieht man gelegentlich einige Fischerboote. Nahe der Küste liegen hier die eindrucksvollsten Schwammkolonien des Mittelmeers.*

23 oben *Das Grün der dicht belaubten Bäume, die in der Kyrenaika gedeihen, lieferte die Anregung für den Namen „Grünes Gebirge", den man dem beherrschenden Höhenzug gab. Viele Quellen und regelmäßige Niederschläge schaffen in Verbindung mit dem milden Klima ideale Bedingungen für zahlreiche Pflanzenarten.*

23 unten *Die Villa Silin, von der man diese Aussicht genießt, war ein bedeutender Wirtschaftsbetrieb und überdies das Heim eines reichen Bürgers von Leptis Magna. Als der Hafen der Stadt wegen eines Ingenieurfehlers zu verlanden begann, musste man andere Anlegestellen für die Schiffe finden, die Unmengen von Handelswaren aus Schwarzafrika nach Europa beförderten.*

öffentlichen Gebäude, die Tempel und das Forum mit den wertvollsten Marmorsorten aus Griechenland, Italien und noch ferneren Ländern. Die Hadriansthermen, eine Hauptsehenswürdigkeit, prunkten mit kostbarem Marmor und waren mit meisterhaften Skulpturen geschmückt. In dieser Periode künstlerischen und architektonischen Glanzes (zwischen dem 1. und 3. Jahrhundert) wurde Leptis „magna".

Als die Stadt an Überbevölkerung litt, vor allem aber, als ihr Hafen durch den Flugsand bedrohlich zu verlanden begann, ließen sich die wohlhabenden Kaufleute auf dem Land an der Küste nieder und bauten sich dort prächtige Villen, deren Ruinen zum Teil erhalten sind. Einige Kilometer westlich von Leptis Magna überrascht die Villa Silin mit ihrem prächtigen Dekor (vor allem Mosaikfußböden). Zum Glück fasste die libysche Altertümerverwaltung den weisen Entschluss, den wertvollen Mosaikenschatz der Villa vor Ort zu belassen und zu restaurieren. Auf Ausflügen, erfrischt vom ständig wehenden Seewind, lassen sich die Touristen von der künstlerischen Qualität der vielen Bodenmosaiken in den verschiedenen Räumen beeindrucken. Akkurate und vielfältige geometrische Muster alternieren mit detaillierten Darstellungen von Blumen, Vögeln, dem in Weinreben gehüllten Lykurg und Wagenrennen. Außerhalb der Villa zeugen Privatthermen, Hafenbecken und Küchen von Wohlstand, Autarkie und Pracht solch herrschaftlicher Häuser, deren landschaftlich reizvolle Lage auch heute noch bezaubert.

Jenseits der Syrte, des Schreckens auch erfahrener Seeleute, entwickelte sich in der Kyrenaika ein Territorium, das nicht dem punischen Einfluss unterlag. Die griechische Zone Libyens wurde zur Pentapolis, einer Gruppe von Städten, die durch ihr Bewusstsein kultureller Identität verbunden waren. Eine Reise nach Kyrene, Tokra, Ptolemais, Apollonia und Berenike wird zur Fahrt durch die griechische Archäologie und die gräkolibysche Gesellschaft und zum faszinierenden „Tauchgang" in Zivilisationen, in denen die altrömische Kultur in hoher Blüte stand.

In den Jahrhunderten nach dem Fall des Römischen Reiches lösten sich auf dem Gebiet des heutigen Libyen Invasionswellen von Vandalen und Byzantinern ab. Letztere hinterließen prächtige Basiliken, die auf älteren Grundmauern emporwuchsen. Man passte die Bauwerke ihrer neuen Funktion an und schmückte sie mit typischen Mosaiken. Im 7. Jahrhundert besiegelte schließlich der Einfall der Araber das Schicksal der Region und entschied, welche Kultur sie in den kommenden Jahrhunderten prägen sollte.

Die Neuankömmlinge besiedelten das gesamte Territorium. Die Berber waren gezwungen, sich in die schwer zugänglichen Bergregionen zurückzuziehen, wo sie ihre so genannten Speicherburgen bauten, die zu den Hauptsehenswürdigkeiten des Landesinneren zählen. Es handelt sich dabei um Ringbauten mit kreisförmigem oder ovalem Grundriss, in denen man in Hunderten von Zellen die Nahrungsvorräte des gesamten Dorfes lagerte. Die Burgen glichen einem Bienenstock, in dem jeder Bewohner seine Zelle besaß, und sie dienten in Notzeiten als Zufluchtsorte, an denen die Bevölkerung Schutz vor feindlichen Übergriffen fand und lange von den Vorräten zehren konnte. Heute kann man im Bergland südlich von Tripolis mehrere dieser prächtigen Beispiele für kollektive Verteidigungs- und Überlebensstrategien besichtigen: Nalut, Kabaw und Qasr el-Hajj sind die imposantesten Zeugen dieses Bautyps.

Verschiedene Herrscher der Mittelmeerregion kontrollierten die Küstenstädte, die bis zur Annexion durch das Osmanische Reich das Schicksal ihrer Herren teilten. Obwohl die Städte ab diesem Zeitpunkt zu jenem Großreich gehörten, überließen die Türken die Kontrolle einheimischen Familien. Eine davon waren die Qaramanli, die Tripolitanien mehr als ein Jahrhundert (1711–1835) beherrschten.

Die italienische Kolonisation begann 1911 mit der Niederlage der türkischen Truppen. Sie brachte bedeutende urbane und agronomische Neuerungen und eine Form des Kolonialismus, die dem anderer europäischer Mächte in Afrika ähnelte. Nach dem Zweiten Weltkrieg wurde Libyen unabhängig und von König Idris, einem Senussi, beherrscht – bis zur Revolution im Jahr 1969, die den

derzeitigen Staatschef Muammar al-Gaddafi an die Macht brachte.

In Libyen herrscht – wie in allen streng islamischen Ländern – den Geboten des Korans gemäß ein absolutes Bilderverbot. Bildliche Darstellungen sind von allen öffentlichen Plätzen der Städte verbannt, mit einer Ausnahme: Abbildungen des Revolutionsführers Gaddafi, der seit mehr als drei Jahrzehnten über das Land herrscht. Sein Porträt ziert riesige Plakatwände, auf denen man ihn in der Uniform eines Obersten der Armee, als stolzen Beduinen in wallendem weißem Gewand oder als Streiter des Islam hoch zu Ross mit gezücktem Schwert bewundern kann. Riesenhafte Bilder zeigen ihn in allen Posen, aus denen er sein Volk bewacht (oder ausspioniert).

Sein Bild erhebt sich in den verwinkelten Straßenlabyrinthen über und unter der Erde, die man in allen Städten Libyens findet. Straßen sind hier keine Mangelware. Die Autos rasen in den Städten genauso wie außerhalb und verströmen aus ihren Auspuffen die Abgase eines fast kostenlosen Energierohstoffs: Erdöl.

24 Felszeichnungen beziehen ihre Motive zumeist aus dem Alltagsleben und aus Ritualen. Diese Rinderdarstellung stammt aus der „Hirtenphase“ der Sahara-Kultur.

24–25 Die so genannten Kobolde sind unbestimmbare Tiere. Die stilistische Vielfalt der Felszeichnungen hat ihre Klassifizierung und Datierung lange Zeit erschwert.

25 Giraffen zieren die Sandsteinwände des Messak – ein Beweis für ihr Vorkommen zu einer Zeit, in der Oberflächenwasser häufiger als heute zu finden war.

26–27 In der Akakusregion haben Erosionsvorgänge natürliche Skulpturen wie dieses riesige Tor geschaffen.

27 Mineralien in den Felsen erzeugen ungewöhnliche Farben – von kräftigen Pastell- bis zu zarten Erdtönen.

Die Entdeckung des schwarzen Goldes hat mehr als jeder andere Faktor das Antlitz des modernen Libyen verändert. Die globale Großindustrie spülte Milliarden von Dollars in die Kassen der Regierung, mit denen man neue Wohnhäuser, Schulen und riesige Moscheen errichtete, mit denen man Straßen anlegte und mit denen man den „Großen Fluss“, ein einzigartiges Bewässerungsprojekt, verwirklichte. Ein System von Pumpen und Großpipelines (Durchmesser ca. 4 m) befördert das kostbare Nass, das man mitten in der Wüste in Reservoirs in über 900 m Tiefe entdeckt hat, zu den Küstenstädten. Dort speist es das hydraulische Leitungsnetz, das die Bevölkerung mit Wasser versorgt.

Der plötzliche neue Reichtum hat einem Großteil der Einwohner unerwarteten Wohlstand beschert, den sie (früher mehr als heute) voll zu ihrem Vorteil genutzt haben. Auf der Strecke blieben oftmals Handwerksbetriebe und kleine Geschäfte, die weniger lukrativ waren. Die Förderung des Öls und seiner Derivate, die man aus den Tiefen der Erde emporpumpt, fordert der Umwelt einen hohen Zoll ab. Das Land leidet auf diesem Sektor unter

Überproduktion und allerorten liegen Tausende von Plastiktüten verstreut, deren unkontrollierte Verwendung mit einer spärlichen Aufklärung zur Abfallvermeidung kaum unterbunden wird. An den Straßenrändern rosten Tausende von Auto-, Lkw- und Lieferwagenwracks, Plastikmüll überschwemmt die Strände und Benzindämpfe aus alten, schlecht gewarteten Motoren schweben wie Schmerzensschreie über den Städten. Dies ist die beunruhigende Seite eines Landes, das zu schnell reich geworden ist und einen Modernisierungsprozess erlebt hat, der, wenn er nicht in kleinen Dosen erfolgt, zum Desaster werden kann.

Die Libyer haben sich jedoch – vielleicht im Bestreben, ungewohnte und zweideutige Modernität zu vermeiden – starke Bindungen an ihre Geschichte, ihre Traditionen und ihre Rituale bewahrt. Selbst in den Großstädten wie Tripolis und Benghasi, die offensichtlich die engsten Beziehungen und Kontakte zum Westen pflegen, spürt man die Folgen der Globalisierung, die nichts und niemanden verschont. Junge Frauen bestimmen heute selbst, welche

Kleidung sie tragen, und oftmals entscheiden sie auch, wen sie heiraten. Soziale und religiöse Zeremonien nehmen prunkvolle Formen an. Sie bieten den Großfamilien, die Libyens Gesellschaftssystem prägen, Gelegenheit sich zu treffen, auszutauschen und manchmal auch zu streiten.

Hochzeiten, denen ausgedehnte Verhandlungen zwischen den Ältesten vorangehen, werden nach traditionellem Vorbild gefeiert. Man schlägt auf den Straßen riesige Zelte auf, die unter Umständen tagelang jeden Verkehr blockieren können. Die Gäste besuchen entweder die Feier der Männer oder der Frauen, die strikt voneinander getrennt ablaufen; sie trinken reichlich und verspeisen als Zeichen für den Reichtum der Familien gewaltige Mengen. Die Frauen tanzen die ganze Nacht in ihren neuesten, modischsten Kleidern und die jungen Männer demonstrieren ihre Tanzkünste, ihre Umgangsformen und ihren diskreten Respekt vor den Älteren, um sich deren Wohlwollen zu sichern, das ihnen (hoffentlich) Zugang zu den Frauen verschafft. Dieses Verhalten wird so zum Siegel ihrer Identität, wenn sie ihren Weg durchs Leben gehen.

28–29 Die Skulptur des „Lyraspielers“ zeigt Apollo in seiner ganzen Schönheit. Der Gott trägt als berufener Sänger und Musikant eine Lyra. Die Statue aus den Hadriansthermen von Leptis Magna befindet sich im Burgmuseum von Tripolis.

29 Römische Kopie der „Kapitolinischen Venus“ (auch „Keuschheit“ genannt) aus dem 2. Jahrhundert. Die Statue stammt aus den Hadriansthermen von Leptis Magna und steht im Burgmuseum von Tripolis.

30–31 Die antiken Säulen des Amphitheaters von Leptis Magna umrahmen das Blau von Meer und Himmel. Das Bauwerk gehört zu den zauberhaftesten Vermächtnissen der alten Römerstadt. Heutige Besucher können die drei Reihen imposanter Säulen am Bühnenhaus und die über 100 Schmuckfiguren nicht mehr bewundern, doch wenn man auf den Stufen der cavea *sitzt, kann man sich den Glanz vergangener Zeiten gut vorstellen.*

Selbst die letzten Augenblicke des Lebens werden zur öffentlichen Angelegenheit, wenn der Sarg auf den Schultern weiß gewandeter Männer ruht. Nach der Prozession besuchen Freunde und Verwandte – die gewöhnlich fasten – mehrere Tage lang die Trauerhäuser. Sie müssen sogar von weither kommen, um Trost zu spenden und die alte Sitte am Leben zu erhalten.

Das bedeutsamste kollektive Ritual der gesamten islamischen Welt – das allerdings von Land zu Land unterschiedlich nuancierte Formen annimmt – ist das Einhalten des Ramadan, des Fastenmonats. In Libyen wird diese Tradition streng befolgt. Wer tagsüber etwas kaut oder gar Wasser trinkt, beleidigt jeden, der das Fastengebot einhält. Im ganzen Land wird sich niemand eine Zigarette anzünden – nicht einmal die stärksten Raucher. Keiner wird etwas trinken. Da sich der Fastenmonat nach dem islamischen Mondkalender richtet (der jährlich fast 10 Tage hinter den westlichen zurückfällt), kann das Fest auch während der heißesten Sommermonate stattfinden, in denen es besonders schwer fällt, tagsüber nicht zu trinken.

Nach dem Ruf des Muezzins, der das Ende des Tages verkündet, weicht die kulinarische und sexuelle Abstinenz einem rauschenden Fest. Nun kommen an jedem Abend des Monats die köstlichsten Erzeugnisse der libyschen Küche auf den Tisch. Nach dem Essen geht man aus, um Freunde zu treffen. Scharen von Kindern umschwärmen wie Küken ihre Eltern, wenn es zum großen Fest geht. Die Plätze sind bis tief in die Nacht beleuchtet, Autos fahren pausenlos durch die Straßen der Städte und die Bars bieten Getränke (natürlich ohne Alkohol) und Wasserpfeifen für die Männer an. Kurz vor der Morgendämmerung, wenn der Muezzin wieder zum Fasten ruft, isst man zum letzten Mal, um sich für den nächsten Tag eine kleine Energiereserve zu verschaffen.

Die meisten Städte Libyens sind um einen historischen Kern, die alte Medina (arabisch für „Stadt“) gewachsen. In dem dichten Gewirr aus Gassen, Menschen, Gerüchen, Läden und Klängen findet man in jeder Altstadt zahlreiche Suks und Märkte. Viele haben ihre alten Namen und Strukturen bewahrt. In den meist überdachten Gassen werden Kleider, Gewürze und Gold angeboten. Der Gold-Suk in Tripolis steht für eine Kultur, die mit diesem Edelmetall Beziehungen regelt, mäßigt und ermuntert. Selbst der Besitzer des kleinsten Ladens braucht sich nicht um Kunden zu sorgen: Frauen schätzen goldene Ohrringe, vor allem wegen ihrer Schönheit und ihres Wertes, aber auch, weil sie dazu beitragen, den Status in der sozialen Hierarchie zu sichern.

Wenn der Abend herabsinkt und das natürliche Licht schwächer wird, erstrahlen die Auslagen der Goldschmiede und lassen Halsketten, Armreifen, Ringe und Ohrschmuck funkeln. Unterdessen ruft der Muezzin zum Gebet und süßer Weihrauchduft erfüllt die Luft.

Wer heute in Libyen die friedlichen Gassen der Medina durchstreift, erlebt den Reichtum und Reiz dieser islamisch-arabischen Kultur, die in letzter Zeit allzu oft durch Phänomene in Verruf geraten ist, die ihren offenen, toleranten Wurzeln fremd sind.

EX HS CC A MARCIO VITALE ITEMQVE

ISOCCAIVNIO·GALBAINIAMRIM

Medinas und Stahlbeton

32 oben Die „Rote Burg", benannt nach der Farbe, die ihre Steine im Licht der Abendsonne annehmen, ist seit alters das Wahrzeichen von Tripolis. Das Bauwerk, Zeuge einer langen Reihe wechselnder Dynastien und berüchtigt als Stätte grausamer Mordtaten, scheint heute Welten von jenen Tagen entfernt und lächelt den neuen (und friedlicheren) Besuchern schelmisch zu.

32 unten Die belebte, von unzähligen Gerüchen und Geräuschen erfüllte Medina lädt tagsüber zum Bummeln und Einkaufen (Gold, Heilkräuter und kostbare Stoffe) ein. Man muss sie nach und nach kennen lernen. Viele ihrer Moscheen liegen zwischen Häusern verborgen und die ehemaligen Karawansereien wurden in Werkstätten und Läden für modernes Kunsthandwerk umgewandelt. Das alte Tripolis erwacht aus langem Schlaf.

33 Hier und da erinnern Palmen, die dem zügellosen Fällen entgangen sind, daran, dass die Oase von Tripolis einst die größte ganz Libyens war. Der Bau neuer Quartiere außerhalb der Medina und das stetige Wachstum der modernen Stadt haben die ausgedehnte Oase verschlungen, von der heute nur noch einzelne Palmengruppen inmitten moderner Hausmauern zeugen.

مجلس النواب

Tripolis – Hauptstadt zwischen Gegenwart und Zukunft

34 oben Die innerhalb der Zitadelle gelegenen Wohnräume für den Pascha und dessen Familie wurden überwiegend im 18. und 19. Jahrhundert unter den Qaramanli erbaut. Der Patio war ein unverzichtbarer Bestandteil solcher Bauwerke; ebenso wenig durfte das Wasser fehlen, das aus Marmorbrunnen strömte.

34 Mitte Durch ein Tor mit arabischer Inschrift gelangt man ins Jamahiriya-Museum (Nationalmuseum), das die umfangreichste Sammlung des Landes birgt. Die Kunstwerke sind chronologisch geordnet: Sie reichen von Fossilien aus prähistorischer Zeit, darunter ein prächtiger versteinerter Baum, bis zur Revolution von 1969.

34 unten Mitten in der Medina ist auf wundersame Weise ein Triumphbogen aus römischer Zeit, der des Mark Aurel, erhalten geblieben. Er verdankt seine Rettung den Bemühungen von Archäologen. Bis zum Beginn des 20. Jahrhunderts war er zur Hälfte verschüttet und im Innern hatte man – kaum zu glauben – einen Kinosaal zur Vorführung früher Schwarz-Weiß-Filme eingerichtet.

35 Vor allem im Sommer füllt sich der „Grüne Platz“ nachts mit Passanten und Autos. Der riesige, durch den Abbruch vieler Kolonialbauten entstandene Platz ist dank starker Scheinwerfer taghell erleuchtet. Taxis fahren dicht an den Gästen in den Cafés vorbei, die an den Tischen Erfrischung suchen.

المكتبة القومية المركزية

36–37 Im Zentrum von Tripolis erhebt sich der Gouverneurspalast, der in den 1930er-Jahren von dem Architekten Saul Meraviglia Mantegazza in einem merkwürdigen, arabische Formen verwendenden Stil erbaut wurde. Heute trägt das Gebäude den Namen „Palast des Volkes“ und es finden dort häufig kulturelle Veranstaltungen statt.

37 oben In den Jahren der italienischen Herrschaft über Libyen flossen die Ersparnisse der Kolonisten reichlich in die Gewölbe der Cassa di Risparmio della Libya (Sparkasse von Libyen), der heutigen libyschen Zentralbank. Das ockerbraune Gebäude mit der imposanten Fassade hebt sich vom vorherrschenden Weiß der anderen Bauten ab.

37 Mitte Die Galleria De Bono, wegen der Stuckaturen und des fein gearbeiteten Dekors „Zuckerdose“ genannt, war Mittelpunkt der kolonialen Gesellschaft. Hier traf sich die Highsociety bei Abendspaziergängen und verabredete sich zu Besuchen im Miramare-Theater oder im Kasino des Waddan-Hotels, während man an den Außentischen der Cafés Smalltalk hielt.

37 unten Die Villa Volpi, die einer der bekanntesten italienischen Familien Libyens gehörte, ist erst seit kurzem für die Öffentlichkeit zugänglich. Ihr Park wurde in ein hübsches Freiluftcafé umgewandelt, in dem nur alkoholfreie Getränke, Kaffee und libyscher Tee angeboten werden. Die Villa beherbergt ein kleines Museum.

38–39 Der Arbeitslärm der Kupferschmiede wird lauter, wenn man sich der Medina nähert. In den engen Räumen der Werkstätten stapeln sich alle möglichen Gegenstände, darunter Zierspitzen mit dem Halbmond, einem wichtigen Symbol des Islam.

39 oben links In der Medina gibt es zahlreiche Suks und Märkte. Sie gliedern sich nach den dort angebotenen Waren oder der Herkunft der ersten Händler: Gewürz-Suk, Gold-Suk und sogar Türken-Suk oder Malteser-Suk.

39 oben rechts Die weißen Bogen der Medina verbinden und stützen gegenüberliegende Gebäude und verleihen dem Ganzen die für die islamische Architektur typische „runde" Note.

39 Mitte Manche Bauwerke – wie diese zawia – bergen eine Moschee und Räume, in denen einst Koranschüler aus fernen Ländern untergebracht waren.

39 unten links Das englische Konsulat ist heute ein kleines Museum (täglich außer Freitag geöffnet). Es wurde bis ins Kleinste sorgfältig restauriert (selbst Kleidungsstücke, Waffen und Alltagsobjekte).

39 unten rechts Ein Komitee zum Schutz der Denkmäler der Medina von Tripolis arbeitet an der Sanierung der Altstadt. Einige Bauten wurden bereits original wieder aufgebaut, andere werden noch restauriert.

40–41 Im Zentrum der Medina, nur einen Steinwurf von der Straßenkreuzung „Vier Säulen" entfernt, die das Herz der Altstadt markiert, hat man aus einer Residenz der Qaramanli, die Tripolitanien mehr als 100 Jahre beherrschten, ein Museum gemacht. In seinen Räumen kann man gelungen rekonstruierte Interieurs aus dem 18. und 19. Jahrhundert bewundern.

41 oben In den engen Gassen der Medina muss man nur nach oben sehen, um einen Blick auf die Spitzen der Minarette und die Zinnen der Türme zu erhaschen, die fast allerorten über die niedrigen Gebäude in den blauen Himmel ragen.

41 Mitte Karawansereien waren Gasthöfe für Kaufleute mit riesigen Warenspeichern und Ställen für die Tiere. Bevor Tripolis über die Grenzen der Medina hinauswuchs, gab es mehr als 35 Karawansereien. Lange Zeit verlassen, werden sie heute restauriert. Die alten Räume beherbergen Werkstätten und Läden, in denen Kunsthandwerker und Händler ihre Waren ausstellen.

41 unten Unweit des römischen Triumphbogens des Kaisers Mark Aurel findet man die prächtigste Gebetsstätte der Medina von Tripolis: die Gurgi-Moschee. Seine jüngste Renovierung verdankt das Bauwerk begnadeten Kunsthandwerkern aus Marokko.

42 Ghirza, etwa 2 Stunden südlich von Misurata gelegen, ist eine historisch und künstlerisch bedeutsame Stätte, an der sich die Mausoleen der reichen Einwohner von den typischen Bauten abheben. Eines der Grabmäler hat man zerlegt und als Schmuckstück des Burgmuseums von Tripolis wieder aufgebaut.

43 links Das Foto zeigt eine der vielen Statuen aus den Hadriansthermen von Leptis Magna, die man später im Burgmuseum untergebracht hat. Die reichen Bürger bestellten bei den besten Künstlern des Mittelmeerraums oft Kopien griechischer Meisterwerke.

43 oben rechts Die Räume im Eingangsbereich des Burgmuseums folgen nicht der chronologischen Reihenfolge, die später gilt. Die Kapitolinische Venus scheint das Mausoleum aus Ghirza voll Arroganz zu betrachten.

43 unten rechts In einem der ersten Säle steht der VW Käfer, der Revolutionsführer Muammar al-Gaddafi gehörte, bevor sich jener der Revolution anschloss, die dem Land ein neues Gesicht und neue Führer geben sollte.

44 links Kaiser Mark Aurel, den diese Statue zeigt, trägt die Lorica, einen Harnisch zum Schutz von Brust und Bauch; dieses Exemplar ist allerdings ungemein reich verziert.

44 Mitte Eines der imposantesten Monumente von Leptis Magna war und ist der Bogen des Septimius Severus. Der bis zur höchsten Würde des Reiches aufgestiegene Bürger von Leptis Magna ließ den Bogen am Eingang zur Stadt errichten. Ein Teil der Bauzier befindet sich im Burgmuseum von Tripolis.

44 rechts Diese imposante Statue der Athene dominiert einen Saal des Burgmuseums von Tripolis. Vor etwa 2 000 Jahren jedoch beherrschte sie mit der gleichen stolzen Haltung die Bühne des Theaters in Leptis Magna.

45 Diese römische Kopie der „Artemis von Ephesos" zeigt eine faszinierende Variante der Jagdgöttin, deren Rolle als Beschützerin der Fruchtbarkeit, der Frauen und der Neugeborenen durch den hübschen Dekor betont wird.

46 Winzige tesserae *schaffen in diesem Mosaik aus der Villa von Tajura subtile Farbabstufungen. Dargestellt ist der Kopf des Meeresgottes Neptun.*

47 In der Villa Dar Buch Ammara bei Zliten, einige Dutzend Kilometer östlich von Leptis Magna, hat man dieses prächtige Mosaik mit drei Figuren entdeckt. Die Villa gehörte zu den vielen luxuriösen Strandhäusern, in die sich die reichen Bürger und Kaufleute von Leptis Magna nach dem Verlanden des Hafens zurückgezogen hatten. Das Mosaik „Die Vier Jahreszeiten“ wurde am Originalstandort freigelegt, ins Burgmuseum von Tripolis überführt und dort wieder zusammengesetzt. Die drei allegorischen Figuren verkörpern den Winter (mit trockenen Grasbüscheln), den Sommer (mit Fruchtgirlanden) und den Herbst (bei der Weizenernte). Das Mosaik zeigt (mit Ausnahme des Frühling) die Produkte und menschlichen Aktivitäten, die in Zusammenhang mit den Jahreszeiten stehen. Vielfarbige geometrische Muster ergänzen die meisterhafte Arbeit.

Das urbane Antlitz des Landes

48 oben Dieses Denkmal in Misurata ist den libyschen Opfern der italienischen Invasion gewidmet. Im Innern beherbergt es ein kleines Museum.

48 unten links Zliten ist eine Kleinstadt an der Küste östlich von Tripolis. Unter ihren Bauten ragt die Moschee des Sidi Abdusalam hervor, eines Marabuts, dem man viele Wunder zuschreibt.

48 unten rechts Dieses luftige Gebäude steht in Misurata, einer gepflegten Stadt, in der einige der bekanntesten und gerissensten Geschäftsleute Libyens leben.

48–49 Von der Grabungsstätte in Leptis Magna schweift der Blick zu den modernen Bauten von Al-Khums, einer Industriestadt mit der größten Zementfabrik des Landes.

50–51 und 51 oben Benghasi ist der Einwohnerzahl nach Libyens zweitgrößte Stadt, doch ihre Bürger halten nicht viel von Statistiken. Sie verteidigen stolz ihre kulturelle Überlegenheit, die auf uralte Wurzeln zurückgeht. Benghasi und die Umgebung der Kyrenaika haben den Aufstieg und die landesweite Durchsetzung des religiösen Senussi-Ordens erlebt, dem auch der von Gaddafi gestürzte König Idris angehörte.

51 Mitte Strahlend weiße Häuser prägen die Skyline von Derna. Im Kolonialzeitalter war die Stadt das Juwel der Kyrenaika. Leider hat sie inzwischen viel von ihrem Charme verloren.

51 unten Das Luftbild von Tobruk zeigt den modernen Hafen und die neuen Bauten. Nichts ist von der alten Stadt geblieben, die im Zweiten Weltkrieg Schauplatz vieler Schlachten war.

Menschen zwischen Meer und Wüste

52 oben In Libyen leben derzeit etwa 4,5 Millionen Menschen – die vielen Immigranten aus ganz Nordafrika nicht mitgerechnet. Die libysche Regierung hat in den letzten Jahren unzählige wirtschaftliche Maßnahmen ergriffen und Kooperationsabkommen mit vielen Staaten geschlossen, um die Zuwanderung von Studenten und Arbeitern zu fördern.

52 unten Die Tuareg kennen die Sahara besser als alle anderen Volksstämme. Auf touristischen Exkursionen muss man sich ihrer Führung anvertrauen, denn trotz moderner Satellitentechnologie sind die Erkundung und der Besuch von bedeutenden Stätten und Höhlen mit Felszeichnungen ohne ihre Hilfe und ihr profundes Wissen um die Tücken der Wüste schwierige Unterfangen.

53 Dieser Mann trägt die typische Kopfbedeckung zum Schutz vor der Winterkälte. Viele ältere Libyer haben unter der Kolonialregierung die Schule besucht und sprechen dank ihrer natürlichen Sprachbegabung immer noch perfekt italienisch.

54 Die Kopftücher libyscher Frauen zeugen mehr und mehr von persönlichen Vorlieben als von familiärem oder kulturellem Druck. Ob die Frauen ein Kopftuch tragen oder nicht, hat mehr mit dem Image zu tun, das sie repräsentieren wollen.

55 oben links und rechts Das Handwerk ist in Libyen nicht übermäßig hoch entwickelt. Kleidung, handgearbeitete Gegenstände und sogar Teppiche kommen meist aus dem Ausland und werden auf den Suks weiterverkauft. Die Kupferschmiede sind jedoch Experten ihres Fachs. Mit einer traditionellen, aufwändigen Technik formen sie Gefäße aller Art.

55 unten Jeden, der zum ersten Mal die Medina einer libyschen Stadt besucht, beeindruckt die Vielzahl der Goldschmiedeläden. Gold wird bei den meisten Zeremonien verwendet; mit dem Edelmetall erweist man anderen Ehre, unterstreicht jedoch auch den eigenen Sozialstatus.

Leben mit der Wüste

56–57 Das für den Anbau von Oliven ideale Mittelmeerklima hat stets die libysche Olivenproduktion begünstigt. Heute erlebt die Landwirtschaft eine Krise und dank der Einkünfte aus der Erdölindustrie wird Olivenöl überwiegend importiert, selbst aus Nachbarländern wie Tunesien. Die Ölpressen stehen zumeist still oder werden nur noch für den Eigenbedarf der Familien verwendet.

57 links Oasen bestehen nicht nur aus Palmen, sondern dienen auch dem Anbau von Gemüse und Kartoffeln. Bewässert wird mithilfe alter Brunnen oder moderner Bohrungen, die jahrtausendelang verborgene Reservoirs freilegen, sodass grüne Tupfen das Ocker der Wüste überziehen.

57 oben rechts Der Händler, der seine Zeit auf dem Boden der Medina von Tripolis verbringt, hat es nicht ganz geschafft, sein Gesicht dem neugierigen Blick des Fotografen zu entziehen.

57 unten rechts Ein mit einer unterirdischen Quelle verbundener Brunnen ist der wichtigste Bezugspunkt für die Völker der Wüste. Die Kenntnis der Stellen, an denen Wasser an die Oberfläche tritt oder eine Wasserader dicht unter der Erde liegt, ist für jeden, der in dieser unwirtlichen Region zu Hause ist, von lebenswichtiger Bedeutung.

58 links und rechts Zwei Jugendliche aus Ghadames haben sich für die Hochzeit eines Freundes oder Verwandten fein gemacht. Hochzeitsfeiern bieten Gelegenheit zur Selbstdarstellung und sind „Laufstege", auf denen die Jungen von den Alten beurteilt werden – im Hinblick auf deren Zustimmung zu späteren Heiraten.

58–59 Die Musikanten dürfen als einzige Männer dem Fest der Frauen beiwohnen. Die Feiern von Braut und Bräutigam laufen strikt voneinander getrennt ab und dürfen nur von Verwandten und Freunden gleichen Geschlechts besucht werden. Hier begleiten Frauen die Flötenmelodie auf Trommeln, um dann zu speisen und die ganze Nacht in ihren prächtigen Gewändern zu tanzen.

JUMP

Die Nomaden der Wüste

60–61 Alte, aber robuste Lkws treten die Fahrt durch die Wüste an, oft auf scheinbaren Rennstrecken und unglaublich überladen. Säcke, Fässer, Wasser- und Benzinkanister türmen sich auf den Anhängern.

61 oben Gelegentlich befördern solche Lkws nicht nur Waren, sondern auch illegale Emigranten, denn Libyen ist das Land mit dem höchsten Pro-Kopf-Einkommen ganz Afrikas. Die Einkommensverteilung ist zwar nicht gerade ausgeglichen, doch dank einer Politik, die einen Warenkorb Grundnahrungsmittel zu einem sehr niedrigen Preis garantiert, muss niemand Hunger leiden.

61 unten links und rechts Die typische Kopfbedeckung der Tuareg und eine Sonnenbrille sind für die Wüstenführer unverzichtbar. Viele Tuareg lassen ihre Kamele im Gehege und überqueren die Dünen stattdessen am Lenkrad eines leistungsstarken Geländewagens.

62–63 Für den Kopfschmuck der Tuareg benötigt man 7–8 m Stoff, der in zahlreichen Windungen zum Schutz vor der Sonne, vor allem aber vor Wind und Sandstürmen, um Kopf und Hals gewickelt wird.

63 oben Durch Erosion entstandene Naturhöhlen waren die ersten Zufluchtsstätten des Urmenschen. Ihre Wände bildeten die ersten Leinwände, auf denen der Mensch Elemente seiner Umwelt abbildete und in die er Tierumrisse gravierte. So hinterließ er Zeugnisse seiner Existenz für jene Glücklichen, die sich heute davon bezaubern lassen.

63 unten Eine Gruppe von Kamelen ist reisefertig bepackt. Diese Tiere sind in der Sahara seit undenklichen Zeiten als Reit- und Lasttiere die idealen Gefährten des Menschen. Temperament, Lernfähigkeit, Genügsamkeit und die proteinreiche Milch ließen sie für die Nomaden der Wüste lebenswichtig werden.

64 Selbst dort, wo der Sand vorherrscht, in den unendlichen Dünen des Idhan Ubari oder im Idhan Murzuq, findet man trockene Baumstämme für das abendliche Lagerfeuer, das zum Essenkochen, als Orientierungspunkt und in den kalten Winternächten als Wärmequelle dient.

65 oben Die Führer, die Touristen auf den Pfaden der Sahara geleiten, wissen, welche Bedeutung die grenzenlose Stille, die endlosen Sandhorizonte und der Himmel mit seinen Millionen von Sternen für westliche Besucher haben. Deshalb machen sie dort Rast, wo ungewöhnliche Erlebnisse zu erwarten sind, um dann das Erstaunen lächelnd zu genießen.

65 unten Die Perioden des Wartens, des Nachdenkens, der Entscheidungsfindung, des Reisens und der Erledigung fälliger Arbeiten unterscheiden die Wüstenbewohner grundlegend von den Besuchern aus dem Westen. Die Tuaregführer leben in der Wüste, das Warten gehört zu ihrem Dasein und ist keine nutzlose Zeit zwischen zwei Aktivitäten. Sie denken nach und meditieren.

Umarmt von Meer und Sand

66 oben Die Ramla Douadah inmitten des Fessan ist als Sand- und Seenregion bekannt. Mehr als 20 Wasserstellen unklaren geologischen Ursprungs gibt es dort, umgeben von Palmen und Tamarisken. Einige – wie diese – trocknen jedes Jahr vorübergehend (oder endgültig) aus und hinterlassen auf den Kieseln eine reine Salzkruste.

66 unten Unweit der römischen Villa Silin liegt diese reizende Bucht gleichen Namens. Die einstigen Bewohner der Villa erfreuten sich nicht nur an den herrlichen Mosaikfußböden, den Privatthermen und dem kleinen Handelshafen, sondern auch am feinen weißen Sand und am kristallklaren Wasser.

67 Wenn die Sonne den Zenit überschritten hat und zwischen den Dünen versinkt, kontrastieren Licht und Schatten besonders stark; sie füllen und leeren den Blick des Betrachters und bilden in ständiger Bewegung Tausende geschwungener Formen. Vielleicht ist dieses Phänomen der Grund dafür, dass man die Gegend als „Sandmeer" bezeichnet. Die Sonne bewegt die Dünen, als wären sie die Wellen des Mittelmeers.

Die Wüste lebt

68–69 Die höchsten Temperaturen wurden landesweit in der Region Tarhuna gemessen. Ungeachtet dessen fließt dort ganzjährig ein Fluss, der die Oase speist. Er ist jedoch in den vergangenen Jahren immer schmaler geworden. An seiner Quelle bildet das Flüsschen einen kleinen Wasserfall, den man lautmalerisch „Sharshara" nennt, was an das hier so seltene Nass erinnert.

69 oben Die italienische Kolonialregierung des Landes investierte kräftig in den Ackerbau und ermunterte zu intensiver Landnutzung. Tausende von Kolonisten – meist aus Süditalien – wurden zur Übersiedlung nach „Libya felix" eingeladen. Dort erwarteten sie eine Konzession für einige Morgen Land, ein voll ausgestatteter Hof und jede Menge harter Arbeit.

69 Mitte In der Halbwüste findet man problemlos Überreste aus römischer Zeit. Meist sind dies Befestigungen, die den südlichen Limes (die befestigte Grenze des Römischen Reiches) markieren oder – wie hier – Grabdenkmäler. Die Gräber wurden außerhalb der Städte errichtet und die solidesten haben die Zeit und unzählige Invasionen überdauert.

69 unten Wo sich die Wüste auffaltet und Felsen Höhenzüge bilden, entspringt aus den Spalten wie durch den Zauber eines Wassergottes eine Quelle, die Palmen und Eukalyptus gedeihen lässt, deren grüne Kronen den Verlauf der Wasserader markieren. Der Ort wird zum Rastplatz, an dem Mensch und Tier Kühlung finden.

70 oben Unabhängig von seiner Qualität bleibt Wasser stets Wasser. Auch wenn dieser brackige Teich wenig einladend wirkt, muss man sein Vorhandensein schätzen. Das Wissen um den Umgang mit dem spärlichen Wasser ist typisch für die Wüstenvölker, deren Kultur sich darum entwickelt hat.

70 Mitte Weiße Mauern schützen die Einwohner dieses kleinen Wüstendorfes. Die örtliche Gemeinschaft ist eigentlich eine Großfamilie, die sich zusammengefunden hat und der unwirtlichen Umgebung trotzt. Es gibt viele Anlässe für Gruppenveranstaltungen, aber auch Zeit für einsame Abendspaziergänge im Garten.

70 unten Die kühle Abgeschlossenheit einer schlichten Moschee regt zu Kontemplation und Gebet an. Die Stille wird nur vom Ruf des Muezzins unterbrochen, der die Gläubigen fünfmal am Tag zur vorgeschriebenen Stunde zum Gebet auffordert.

70–71 Die Menschen, die mit bloßen Händen den Mörtel für die Innen- und Außenmauern dieses Saharadorfes angerührt haben, schufen auch die Kuppeln der Moscheen und die typischen Spitzen, die an den Ecken der Gebäude sitzen und die Städte des Fessan prägen. Diese Besonderheit erscheint auch in Bauplänen moderner Häuser.

72–73 In Ghat sind Kontraste offensichtlich: Die alte Wüstenstadt, eine einzige Anhäufung von Mauern und Gässchen, Dächern und Terrassen in allen Erdfarben, liegt – wie eine Respektbezeugung für die schwere Arbeit ihrer Erbauer – direkt neben den neuen weißen Häusern, zwischen denen man wie überall die Moschee mit ihrem Minarett findet.

73 links Das Foto zeigt ein Detail der von den Berbern erbauten Speicherburgen. Dieses Volk zog sich während der Invasion der Araber in die Berge des Djebel Tripolis zurück und behielt nur einen Zugang zum Meer unweit von Zuwara, der libyschen Stadt, in der man neben arabisch immer noch einen Berberdialekt spricht.

73 oben rechts Wie viele andere Orte entwickelte sich das Dorf Nalut rund um die Speicherburg, die ein schönes Beispiel für diesen Bautyp ist. In den verlassenen Häusern stößt man auf Gegenstände wie diese Ölpresse: Sie zeugt vom Können der Erbauer, die mit einfachen Mitteln große Wirkungen erzielten.

73 Mitte rechts Die Speicherburg auf kreisförmigem Grundriss beherbergte Hunderte kleiner Zellen, in denen die Familien ihre Vorräte lagerten.

73 unten rechts Die Schlichtheit der ersten Moscheen spiegelt die Anfänge des Islam wider. Schon damals legte man die Charakteristika der Sakralarchitektur fest, etwa den Einsatz von Bogen und Gewölben, die Ausrichtung nach Mekka und das Verzichten auf Wandgemälde.

Atmosphäre aus Ocker und Blau

74 oben Es trifft nicht zu, dass Dünen langsam wandern: Nur der feine Oberflächenstaub ist ständig in Bewegung. Die Grundform bleibt stabil, zumindest ein Menschenleben lang. Unter den Füßen jedoch lässt die ständige Bewegung der Sandkörner Körper und Geist schwanken.

74 unten Es spielt keine Rolle, an welcher Stelle sich der Fotograf von den sanften Schwüngen dieser Düne bezaubern ließ; der Himmel und die vom Wind geformten Wellen sind überall in der Sahara zu finden. Die Wüste verzichtet auf geographische Längen- und Breitenangaben zugunsten eines Systems, das sich an Farben, Formen und Stille orientiert.

74–75 Um einige Gebiete des Akakusgebirges zu erreichen, muss man die vielen Pässe gut kennen. Wer die natürlichen Gegebenheiten respektiert und sich ihnen anpasst, findet die Zugänge zu diesen Regionen, in denen Felsen und Sand idyllische Szenerien, gleichzeitig aber auch Gefahrenquellen schaffen.

76–77 Die große Sanddüne im Vordergrund weist die typischen vom Wind gezeichneten Rillen auf. In der Ferne ist eines der Felsgebilde in der Region des Tadrart-Akakus zu sehen.

78–79 Das Foto zeigt die ungewöhnlich hohen und wenig bekannten Dünen des Idhan Murzuq, einer Sandregion südlich des „Tals des Lebens“ (Wadi al-Hayat), im Süden des Fessan. Als erster westlicher Forscher dürfte sie in den 1930er-Jahren Ardito Desio besucht haben.

79 oben Die Ramla Douadah verdankt ihren Namen den früheren Bewohnern, die an den Ufern der Seen lebten. Man nahm an, dass sich die Bevölkerung von Würmern ernährte, deshalb bezeichneten die anderen Wüstenvölkern sie als „Wurmesser“. Tatsächlich handelte es sich jedoch um winzige Krebstiere, die im Salzwasser lebten und wegen des hohen Nährwerts und Kaloriengehalts die Grundlage des örtlichen Speisezettels bildeten.

79 Mitte Der Gabroun-See wirkt wie ein Spiegel, der die Dünen reflektiert. Das Wasser ist allerdings stark salzhaltig, wie man am Auftrieb erkennt, wenn man sich ins Wasser legt.

79 unten Wer sich zwischen den hohen Dünen der Hammada Murzuq bewegen will, muss sich gut auskennen. Es kommen nur wenige Besucher hierher, deren Spuren der Wind verweht, bevor sie sich verfestigen können.

80–81 Vom Gipfel der Düne offenbart ein See der Ramla Douadah seine ganze Schönheit. Die Palmen und die Ufervegetation machen ihn zu einem angenehmen Rastplatz.

82–83 Eine der bekanntesten Felszeichnungen des Fessan stellt Garamanten dar. Von ihrer Kultur weiß man nur das wenige, was antike Schriftsteller überliefert haben, doch aus den Zeichnungen folgerte man, dass sie gefürchtete Wagenkämpfer waren, die auf leichten, von zwei oder vier Pferden gezogenen Streitwagen durch die Wüste preschten.

83 oben Die Sahara-Kultur, die kolorierte Felszeichnungen hinterließ, hatte zwischen 10 000 und 5000 v. Chr. ihre Blütezeit. Die Stellen, an denen man bis heute historisch und künstlerisch bedeutsame Zeichnungen entdeckt, sind Naturhöhlen und Zufluchtsorte zwischen den Felsklippen der Bergkette des Tadrart-Akakus.

83 Mitte Viele Funde werden von den Archäologen mithilfe der Radiocarbonmethode datiert. Mit diesem Verfahren wird das Alter ehemals organischer Stoffe bestimmt, indem man deren Gehalt an radioaktivem Kohlenstoff ermittelt. Bei anorganischer Materie wie Felszeichnungen funktioniert die Methode nicht.

Das Akakusgebirge – Ein Freilichtmuseum

83 unten Die Farben, mit denen die Felszeichnungen ausgefüllt sind, wurden gemischt, indem man Lehmbrocken, andere Gesteine und Tier- oder Pflanzenteile zerstampfte. Mit Wasser angerührt, entstanden so Farben, die sich zumeist als äußerst dauerhaft erwiesen haben.

84 oben Erst vor wenigen Jahrzehnten begannen sich Archäologen für das Akakusgebirge zu interessieren. Vorher jagten dort nur die Tuareg gelegentlich. Die hohen, steilen Felswände haben die Bergmassive des Tadrart und des Akakus, die geologisch gleichen Ursprungs sind, jahrelang vor neugierigen Blicken bewahrt.

84 Mitte Fabrizio Mori war der erste Archäologe und Forscher, der – mit Kamelen – in das Felsmassiv vordrang und die ersten Kunstwerke dieses Freilichtmuseums entdeckte. In späteren Jahren legte man eine für Geländefahrzeuge gängige Straße an, die so genannte Mori-Piste, die noch heute von den meisten Reisenden benutzt wird.

84 unten Das in der Jungsteinzeit viel durchreiste Akakusgebirge darf als Wüste im wahrsten Sinne des Wortes gelten: Es ist eine „verlassene“ Stätte, ein Ort, der irgendwann in ferner Vergangenheit entstand und von dem heute nur noch Überreste, Ruinen und Echos zeugen.

84–85 Die heiße, trockene Luft, die man tagsüber zwischen den Felsen des Akakusgebirges – wie auch im Großteil der übrigen Sahara – einatmet, ist für den Körper ein Allheilmittel. Dank der niedrigen Luftfeuchtigkeit erträgt man sogar sehr hohe Temperaturen. Die Überraschung kommt jedoch in den Winternächten, wenn Raureif den Sand überzieht. Dann sollte man sich warm einpacken, bevor man sich schlafen legt.

86 links Die tiefen Täler im gesamten Gebiet der Sahara waren früher Flüsse, oft mit reißender Strömung. Man bezeichnet ihre heute ausgetrockneten Betten als Wadis.

86 rechts Die schnell am Himmel dahinziehenden Wolken sind keine Vorboten des Regens. Die Tage eines oder mehrerer Jahre, in denen der Himmel großzügig ein paar Regentropfen spendet, lassen sich an den Fingern einer Hand abzählen.

87 Das Gedränge vergangener Zeiten auf dem Meer und den vorzeitlichen Wasserstraßen, die glättende Wirkung der starken Winde, die den Sand fortwehen und die Berge abschleifen, die unterschiedliche Härte der einzelnen Gesteinsarten: All die Arbeit hat sich im Lauf der Zeit mit unauslöschlichen Lettern in die Felswände des Tadrart-Akakus-Massivs eingebrannt.

88–89 Der endlose Horizont offenbart nichts anderes als Sand, Sand und nochmals Sand. Der Geist muss sich mit den unendlichen Dimensionen dieser einförmigen Landschaft arrangieren.

Fenster zum Mittelmeer

90 oben und unten Die Erdkruste, die als zerklüftete Küstenlinie ins blaue Meer der Kyrenaika abfällt, bietet der Meeresfauna hervorragenden Schutz. Zackenbarsche, denen Fischer und Sporttaucher im übrigen Mittelmeer nur mit viel Glück begegnen, kann man hier sogar vom Ufer aus beobachten, wenn sie friedlich dicht unter der Wasseroberfläche vorbeischwimmen.

91 Das kyrenaische Meer brandet – wie an der übrigen libyschen Küste – an Sandstein, aber es umspült auch die Felsen des „Grünen Gebirges", die vor allem in der Region Marmarika weit genug hinabreichen, um von den Wellen benetzt zu werden. Das Ergebnis ist eine Mischung aus Ligurien und Sardinien, den griechischen Kykladen und der türkischen Ägäis – die reinste Verkörperung der Seele des Mittelmeers.

92–93 Tolmeita ist eine moderne Stadt, die direkt neben der Grabungsstätte des antiken Ptolemais erbaut wurde. Die wenigen Menschen, die hier leben, ignorieren die große Vergangenheit ihres Landes.

93 oben Ein natürlicher Hafen – wie viele andere an der Küste um Apollonia – erklärt, weshalb die Griechen der Insel Santorin (Thera) den Ort zur Gründung einer Kolonie auswählten.

93 unten Im Gebiet um Leptis Magna gedeihen typische Zwergsträucher der Mittelmeerflora.

94–95 Die Gegend um Apollonia war ein idealer Anlegeplatz für die zahllosen Schiffe, die Waren aus und nach Kyrene beförderten.

96–97 Ein Zyklop scheint eine Zehe seines riesigen Fußes bei Tobruk ins Meer zu strecken. Die Bewohner der Region bebauen die Hangterrassen oder die schmale Küstenebene.

Zeugen der Geschichte

98 oben Am Ende des Severischen Forums im Zentrum der Kaiserstadt Leptis Magna findet man eines der schönsten Gebäude der gesamten Grabungszone: die Basilika. Neben den Säulen, die das Mittelschiff von den Seitenschiffen trennen, kann man hier vier Säulen auf Rechteckbasen bewundern, die mit Pflanzenmotiven und Darstellungen der Arbeiten des Herakles bedeckt sind.

98 unten Jason Magnus war ein berühmter Priester am Apollotempel von Kyrene. Sein Haus ist das luxuriöseste der Stadt. Die kopflosen Statuen, die das Foto zeigt, begrenzen eine Front des großen Anwesens, in dem man außergewöhnliche Bodenmosaiken bewundern kann.

99 Die jahrtausendealte Straße, die dieses Viertel von Sabratha durchzieht, ist perfekt erhalten. Die ausgeklügelte Versatztechnik, mit der die Pflastersteine verlegt wurden, hat dies ermöglicht.

Sabratha – Vom punischen Handelsplatz zur römischen Kolonie

100–101 Die stattlichen Säulen des Tempels des Liber Pater in Sabratha zeugen von der Bedeutung dieser Gottheit, die man einst in ganz Nordafrika verehrte. Der Tempel stammt aus dem 2. Jahrhundert, der Blütezeit in der Geschichte der drei Städte an der Kyrenaikaküste: Sabratha, Oea und Leptis Magna.

101 oben Dieser im 1. Jahrhundert erbaute Tempel erinnert nicht nur an die Dynastie der Antoninen, zu der auch Mark Aurel und Lucius Verus gehörten, er gewährt dank seiner Freitreppe und des hohen Podiums auch einen der schönsten Ausblicke auf die gesamte archäologische Zone von Sabratha.

101 unten Unzählige Säulen wurden aus aller Welt herangeschafft und im Lauf der Jahre in Libyen aufgerichtet. Die archäologischen Stätten waren jahrhundertelang Freiluftlagerstätten, an denen sich jeder bediente, der Pfeiler für ein Bauwerk benötigte. Viele Säulen stehen noch aufrecht oder harren liegend ihrer künftigen Verwendung.

102 oben links Das Amphitheater von Sabratha, erbaut gegen Ende des 2. Jahrhunderts, konnte etwa 5 000 Besucher aufnehmen, was ihm den ersten Rang unter den Theatern des römischen Nordafrika einbrachte. Weißer Marmor und schwarze Granitsäulen sorgen für Farbkontraste.

102 unten links Am Meer, außerhalb der innerstädtischen Viertel, ragt das Theater empor, dessen 25 m hohes Bühnenhaus drei Säulengeschosse umfasst. Sein heutiges Erscheinungsbild verdankt es dem libyschen Gouverneur Italo Balbo, der es zu einem Symbol der Präsenz des alten Rom in Libyen machte.

102 rechts Darstellungen vieler Figuren der griechischen und römischen Sagenwelt bevölkern diskret die gelungen restaurierte Bühne des Theaters. Hier sieht man die prächtige Gruppe der „Drei Grazien“, ein Meisterwerk hoher Bildhauerkunst.

102–103 Die mit hölzernen Bohlen rekonstruierte Bühne des Amphitheaters von Sabratha ist heute Schauplatz unterschiedlichster Vorführungen. Sie finden meist bei Sonnenuntergang statt, wenn die Sonne im Meer versinkt und die Wolken rot färbt.

104 oben Viele der hübschen Bodenmosaiken aus den Wohnhäusern, Thermen und anderen Gebäuden von Sabratha sind heute im Römischen Museum am Rand der Grabungszone ausgestellt.

104 unten Wie in römischen Städten üblich, befand sich das Amphitheater vor den Stadtmauern. Die Masse der Zuschauer, die Art der veranstalteten Spiele und das Auftreten wilder Tiere erklären die Wahl des Standorts.

105 Die Würde und Macht Jupiters offenbaren sich in dieser Büste, die im Museum von Sabratha zu bewundern ist. Die Gestaltung des üppigen Haupthaars und des Bartes gestatten keinen Zweifel am Können der Bildhauer und verleihen dem Göttervater ein natürliches Aussehen.

Leptis Magna – Heimat der Severischen Dynastie

106–107 Das Amphitheater von Leptis Magna ist auch im würdigen Verfall ein spektakulärer Ort.

107 oben Septimius Severus wollte seine Geburtsstadt zur schönsten Stadt am Mittelmeer machen und ließ sie mit den wertvollsten Marmorsorten verkleiden. Der Bogen am Eingang zur Stadt ist ihm gewidmet.

107 unten Die erste Bauphase des Amphitheaters von Leptis Magna fiel in das 1. Jahrhundert.

108–109 Das Luftbild lässt jene Bezirke von Leptis Magna erkennen, in denen die Restaurierungen am weitesten fortgeschritten sind.

110 oben Gorgonen beobachten von den Säulen der Kolonnaden die Besucher des Severischen Forums. Einige stehen noch am Originalplatz, während andere ihrer Aufstellung am Boden harren oder die Besucher in Museen anstarren.

110 Mitte In den Hauptstraßen (cardo *und* decumanus) *römischer Städte, die die Viertel in regelmäßige Blöcke unterteilen, erheben sich oft Ehrenbogen für verdiente Bürger. In Leptis Magna findet man unweit von Forum und Theater den Tiberius- und den Trajansbogen.*

110 unten Ohne Führung sind die vielen Bauwerke auf dem alten Forum von Leptis Magna kaum zu bestimmen. Man muss bedenken, dass das Baumaterial im Lauf der Zeit immer wieder neu verwendet wurde. Außerdem veränderte sich das Gelände ständig, bis man es nach dem Bau des neuen Forums der Severer aufgab.

110–111 Das Forum von Leptis Magna wurde zu Beginn des 1. Jahrhunderts dank der Großzügigkeit des Mäzens Annobal Rufus vollendet. Es befand sich unweit der Stelle, an der wenig später das Theater stehen sollte und war eines der bemerkenswertesten Bauten im Stadtzentrum.

112 Die mächtigen Quader der Theaterränge färben sich am Abend rot, die ruhige See vertieft die Stille, zwischen den Stufen wächst Gras, und die Säulen der Tempel ragen in den Himmel, während eine neue Vorstellung mit unhörbaren Klängen, unsichtbaren Schauspielern, Erinnerungen und Imagination beginnt.

113 links Die Villa Silin ist ein Freiluftmuseum: Einige der anspruchsvollsten Mosaiken der glorreichen Vergangenheit Libyens sind so erhalten, wie sie die ersten Eigentümer verlegen ließen. Offensichtlich wurden die raffiniertesten, zentral angeordneten Teile aus den kleinsten tesserae *fix und fertig von weit entfernten Künstlern geliefert, sodass man vor Ort nur die Randstreifen herstellen musste.*

113 oben rechts Das Wandbild aus den Jagdthermen am Stadtrand zeigt zwei Jäger, die ein wildes Tier mit Speeren angreifen. Die Thermensäle wurden zum Schutz ihres reichen Bildschmucks wieder mit Kuppeln überwölbt.

113 Mitte rechts Die am Strand aufgetürmten Steinquader gehörten einst zum Hafen von Leptis Magna. Die Barrieren gegen das Meer wurden überflüssig, als der Libda sein Bett verlagerte, sodass es keine Strömung mehr gab, die den Sand aus dem Hafenbecken spülte.

113 unten rechts Im Peristyl der Villa Silin befand sich vermutlich ein mosaikgeschmücktes Wasserbecken. Der Blick von der herrlichen Terrasse auf das Meer wirkt heute noch wunderbar beruhigend.

Ptolemais – Erbe des Hellenismus

114 oben Das kleine Museum von Ptolemais birgt einige außergewöhnliche Stücke, die man bei Grabungen vor Ort fand, unter anderem die handwerklich hochwertigen Mosaiken aus dem „Säulenpalast".

114 Mitte links In byzantinischer Zeit trug der Gouverneur der Stadt und ihres Umlandes den Titel dux. Er verwaltete die Justiz und residierte in einem festungsartigen Palast, der nach seinen Funktionen in zwei Zonen aufgeteilt war.

114 Mitte rechts Die Ruinen von Ptolemais sind auch für Besucher, die sich nicht so sehr für Archäologie interessieren, ein Erlebnis.

114 unten Das reizende Odeon mit seiner immer noch intim-friedlichen Aura war in hellenistischer Zeit ein Ort für Versammlungen und Aufführungen. Später baute man es für Naumachien um. Zwei kleine Treppenhäuser markieren die Eingänge für die Schauspieler.

114–115 Das bedeutendste und prächtigste Gebäude in Ptolemais ist der „Säulenpalast", der eine Fläche von knapp 6000 m² bedeckt.

Apollonia – Der Hafen von Kyrene

116–117 In der byzantinischen Epoche verwendete man die Säulen der heidnischen Tempel von Apollonia als Deckenstützen und zur Abgrenzung der Seitenschiffe von Basiliken. Wer am Strand in östlicher Richtung spaziert, trifft nacheinander auf die westliche, mittlere und östliche Basilika.

117 links Die Byzantiner verbreiteten die Botschaft Christi und mit ihr deren Symbole im gesamten Mittelmeerraum. Aus nahe liegenden Gründen verwendeten sie das Material aus römischer und griechischer Zeit wieder, nahmen daran jedoch nur die allernötigsten Änderungen vor.

117 rechts Diese Fotos zeigen die byzantinischen Basiliken von Apollonia. An der Küste der Kyrenaika findet man ähnliche Bauwerke, die noch ihrer Erforschung harren. Alle weisen die gleiche Grundstruktur auf. Manchmal blieben die typischen Mosaikfußböden an Ort und Stelle, während sie andernorts abtransportiert wurden. Man erbaute die Basiliken unter anderem deshalb außerhalb der Städte, damit sie auch der Landbevölkerung zugänglich waren.

118–119 Die einsame Palme, die spontan auf der Bühne des kleinen Theaters von Apollonia Wurzeln geschlagen hat, hat offenbar eine Vorliebe für diesen einst belebten Ort.

Kyrene – Das Athen Afrikas

120 oben und Mitte links Die beiden Fotos zeigen aus verschiedenen Perspektiven den Teil von Kyrene, den die frühesten Kolonisten besiedelt hatten: die Terrasse mit dem Apollotempel. Die griechischen Siedler von der Insel Santorin (Thera) hatten den Gott wegen ihrer geplanten Stadtgründung um Rat gefragt.

120 Mitte rechts Die dorischen Säulen der griechischen Propyläen in Kyrene zeichnen sich inmitten üppiger Vegetation auf der Hügelkuppe scharf gegen den Himmel ab. Zahllose Touristen besuchen alljährlich die Stätte – eine der interessantesten am Mittelmeer – und bewundern die stummen Zeugen einer großen Vergangenheit.

120 unten Zur Römerzeit baute man das griechische Theater in ein Amphitheater um. Die Schreie der Gladiatoren, das Gebrüll der Löwen und der Applaus der Zuschauer kontrastierten so stark mit der Aura der vorstädtischen Heiligtümer, dass man einen hohen Wall zur Abgrenzung des Sakralen vom Profanen errichtete.

120–121 Das Heiligtum des Apollo liegt in einer natürlichen Mulde am Nordhang der Akropolis. Die heute zu bewundernde Anlage des Tempels des Hauptgottes von Kyrene ist das Resultat mehrerer Rekonstruktionen, die sich im Lauf der Jahrhunderte an den antiken Ursprungsbau anschlossen.

122 oben Ein Spaziergang entlang der Strecke, auf der früher die Athleten trainierten, ist besonders eindrucksvoll. Die Statuen eines bartlosen Hermes und eines vollbärtigen Herakles scheinen die Passanten von ihren Säulen aus zu überwachen. Später wurde die Straße überdacht und zum Verbindungsgang zwischen dem neuen Forum und der Agora.

122 Mitte links In allen griechischen Städten war die Agora das Zentrum des öffentlichen Lebens. Jene von Kyrene blieb es auch nach der römischen Eroberung, in deren Zuge das Herz des bürgerlichen Lebens zum neuen Forum verlagert wurde, das über dem früheren Gymnasion entstand.

122 Mitte rechts Der bärtige Athlet Herakles krönt eine der Säulen an der Battusstraße. Seine berühmten zwölf Arbeiten eigneten sich gut für Darstellungen an Portiken, Säulen und Kapitellen.

122 unten Eines der Theater von Kyrene wurde im Lauf der Zeit mehrfach renoviert. Man findet es an der Hauptstraße dieses Stadtteils, der Battusstraße.

122–123 Die Jugend und das Militär von Kyrene nutzten die weiten Flächen des Ptolemaions für Sport- und Kampfübungen. Das bis ins 2. Jahrhundert v. Chr. zurückreichende Gebäude wurde vermutlich unter Ptolemaios VIII. erbaut.

124 Auf der Agora erhebt sich das Schiffsdenkmal, das zwischen dem 3. und 2. Jahrhundert v. Chr. nach einem Seesieg entstand. Als „Galionsfigur“ trägt es Steuerbord-Bug eine Statue der geflügelten Siegesgöttin Nike, der leider Kopf und Flügel fehlen.

125 oben An diesem Rundtempel begann eine rituelle Prozession von Frauen, an die der große griechische Dichter Kallimachos in einer seiner Hymnen erinnert. Gut zu erkennen sind zwei Statuen, die die Fruchtbarkeitsgöttin Demeter und deren Tochter Kore (Persephone) darstellen. Kleine Abflussrinnen lassen darauf schließen, dass man hier Tieropfer darbrachte.

125 Mitte Dieser prächtige Marmorbogen ist alles, was von der Fassade des Tempels des Apollo Archegetes geblieben ist. Das Heiligtum stand an der Westseite der Agora. Eine vor Ort entdeckte Inschrift bezeugt die Weihe an diesen Gott.

125 unten Der „Tempel der sechseckigen Fundamente“ stammt aus dem 2. Jahrhundert v. Chr. und entstand an der Stelle, an der sich zuvor ein Gebäude erhob, das Aristeus geweiht war, dem Gründervater der kyrenischen Medizin. Sein Kult lebte im neuen Tempel fort.

Ghirza – Die monumentalen Nekropolen

126 Die Straße zur Denkmalzone von Ghirza ist jene Trasse, die man für die Installation der Rohrleitungen im Zuge des Projekts „Großer Fluss“ anlegte. Diese Ingenieurleistung ermöglicht es zahllosen Touristen, eine der interessantesten Grabungsstätten Libyens zu erkunden.

126–127 Die monumentalen Grabdenkmäler von Ghirza kombinieren römische Vorbilder mit Elementen der Sahara-Kultur.

128 Man braucht nur einen dorischen Säulenstumpf aus Sandstein aufzurichten und ein reich verziertes Kapitell darauf zu setzen, um den Vermächtnissen einer glorreichen Vergangenheit wieder Würde und Sinn zu verleihen.

Bildnachweis

Tiziana und Gianni Baldizzone/Archivio White Star: Seiten 2–3, 7, 12–13, 24, 24–25, 25, 26–27, 27, 52 unten, 57 links, 57 unten rechts, 63 oben, 63 unten, 64, 65 oben, 66 oben, 67, 70 oben, 70 Mitte, 70–71, 74 oben, 74 unten, 74–75, 76–77, 78–79, 79 oben, 79 Mitte, 79 unten, 80–81, 82–83, 83 oben, 83 Mitte, 83 unten, 84 oben, 84 Mitte, 84 unten, 84–85, 86 links, 86 rechts, 87, 88–89.

Marcello Bertinetti/Archivio White Star: Seiten 4–5, 16 oben, 16 unten, 17 unten, 18–19, 20–21, 22, 23 oben, 23 unten, 30–31, 32 unten, 34 Mitte, 34 unten, 37 Mitte, 37 unten, 38–39, 39 oben links, 39 oben rechts, 39 Mitte, 39 unten links, 39 unten rechts, 40–41, 41 oben, 41 Mitte, 41 unten, 48–49, 51 unten, 55 oben links, 55 oben rechts, 55 unten, 60–61, 61 oben, 61 unten links, 61 unten rechts, 66 unten, 68–69, 69 oben, 69 Mitte, 90 oben, 91, 92–93, 93 oben, 93 unten, 94–95, 98 unten, 100–101, 101 oben, 104 unten, 106–107, 107 oben, 107 unten, 110 oben, 113 unten rechts, 114 Mitte links, 114 unten links, 117 links, 117 oben rechts, 117 unten rechts, 118–119, 120 rechts, 122 unten links, 122 rechts, 124, 125 Mitte, 125 unten.

Araldo De Luca/Archivio White Star: Seiten 1, 28–29, 29, 32 oben, 34 oben, 42, 43 links, 43 oben rechts, 43 unten rechts, 44 oben, 44 unten links, 44 unten rechts, 45, 46, 47 oben, 47 unten links, 47 unten rechts, 48 oben, 48 unten rechts, 69 unten, 70 unten, 73 links, 73 oben rechts, 73 Mitte rechts, 73 unten rechts, 98 oben, 99, 101 unten, 102 oben links, 102 rechts, 102–103, 104 oben, 105, 110 Mitte, 110 unten, 110–111, 112, 113 links, 113 oben rechts, 113 Mitte rechts, 114 oben, 114 Mitte rechts, 114–115, 116–117, 117 Mitte rechts, 120 oben links, 120 Mitte links, 120 unten links, 120–121, 122 oben links, 122 Mitte links, 122–123, 125 oben, 126, 126–127, 128.

AISA: Seiten 33, 51 Mitte.

Anne Conway: Seiten 10–11, 14–15, 17 oben, 58 links, 58 rechts, 58–59.

Anthony Ham/Lonely Planet Images: Seiten 50–51.

Realy Easy Star: Seiten 34–35, 56–57.

Doug McKinlay/Lonely Planet Images: Seiten 36–37, 37 oben, 48 unten links, 54, 57 oben rechts.

T. Mosconi/Panda Photo: Seiten 90 unten, 96–97, 102 unten links, 108–109.

Bertrand Rieger/Hémisphères: Seiten 6, 62–63, 65 unten, 72–73.

Jane Sweeney/Lonely Planet Images: Seite 52 oben.

Patrick Ben Luke Syder/Lonely Planet Images: Seite 51 oben.

Peter Turnely/Corbis/Contrasto: Seite 53.